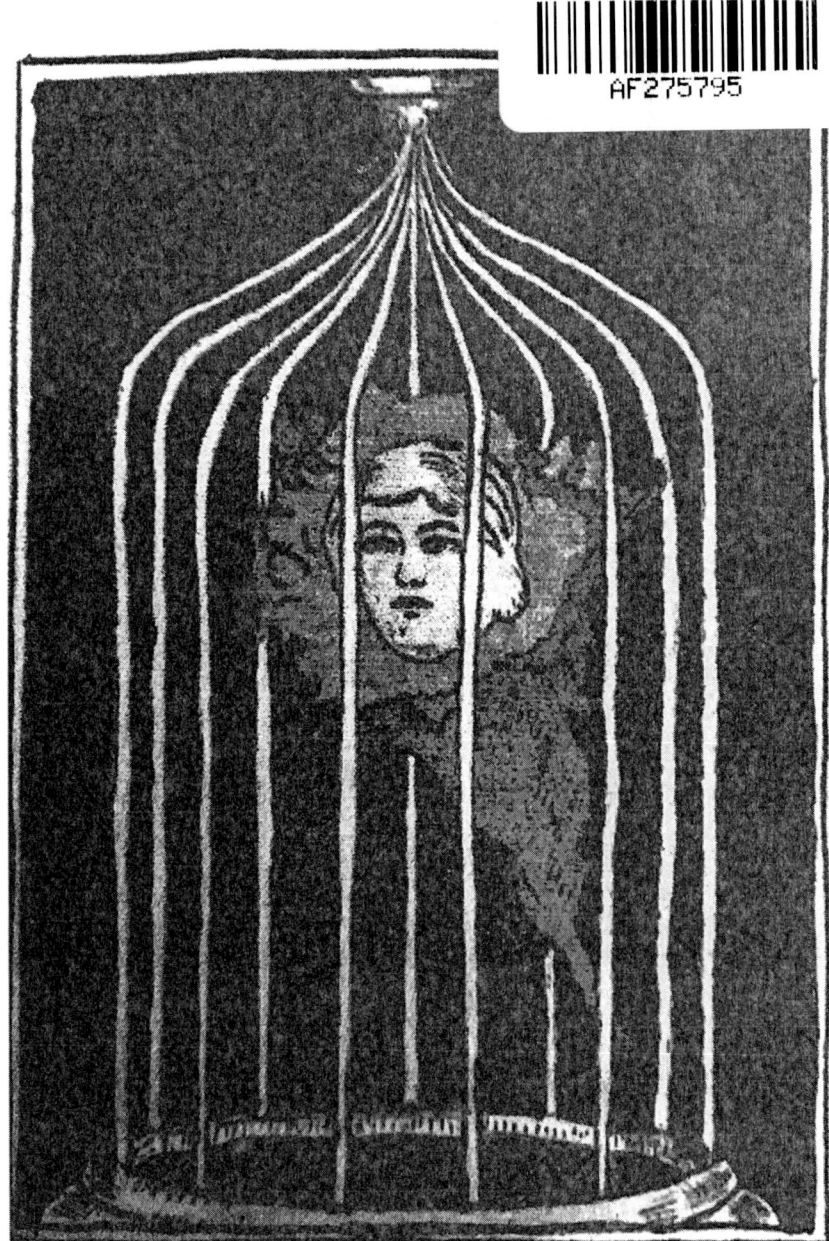

Carlos d'Ors

LA JAULA DE ORO

APOTEGMAS

EDITORIAL CUADERNOS DEL LABERINTO
—ANAQUEL DE POESÍA, n° 136—
MADRID · MMXXIV

El papel utilizado para la impresión de este libro, fabricado a partir de madera procedente de bosques y plantaciones sostenibles, es cien por cien libre de cloro y está clasificado como papel reciclado.

Impreso por Copias Centro (Madrid)

Primera edición: ENERO 2024

I.S.B.N: 978-84-18997-49-5
Depósito legal: M-

Impreso en España.

www.cuadernosdelaberinto.com

Carlos d'Ors

LA JAULA DE ORO

APOTEGMAS

NOTA DEL AUTOR

Estos *apotegmas* son breves sabidurías que de forma rotunda pertenecen a nuestro imprescindible existir y a nuestra experiencia vital, aunque enunciadas con templanza y serenidad senequistas, unas veces, o con fatalismo romántico, otras, y están escritas con afán poético. No son aforismos porque no intentan ser normas de conducta ni de vida ni de arte ni aspiran a tener un carácter ético, sino a hacernos pensar sobre nuestro existir con intención literaria y poética, aunque su semántica encierre verdades que pertenecen en muchas ocasiones a lo trágico, a lo inmanente o a lo trascendente e incluso a lo irremediable de nuestro cotidiano vivir.

PREFACIO

LOS BIENAVENTURADOS
DE CARLOS d'ORS

A propósito del saber, la búsqueda de la verdad es el único empeño para el oficiante de la duda. Dudar y saber acaso compartan la misma senda hacia el bosque del conocimiento, único lugar donde la sombra del enigma se hace revelación del ser y conciencia transcendente de lo humano. Alejado de lo doctrinario, en la súbita presencia de ese decir feliz que constituye el alumbramiento del relámpago, la lucidez del romántico y el dictado moral que ampara la conducta del ecléctico, levanta Carlos d'Ors esta casa para los huéspedes de la razón, las pobres y bienaventuradas criaturas que otorgan sentido, figuración y habla, al idiolecto de la fraternidad poética.

Pocas hermandades como la suya en las repúblicas de la imaginación, escasas unanimidades como la de sus afectos en el maremágnum de las estéticas y las tribales trivialidades de la sociología literaria. Carlos d'Ors, dador de amistad en el espacio de los antagonismos, es un hombre que ha hecho del compañerismo en la palabra, de la camaradería poética, una fidelidad intransable; la misma voluntad que preside la asamblea de estos apotegmas, estas breves sentencias de la duración que tan paradójicamente desafían la efímera temeridad del tiempo y la fugaz eternidad de la muerte.

Como escritos sobre el agua, con la capacidad negativa de un John Keats oyendo la inmortalidad del ruiseñor en el isócrono ciprés que representa cada segundo, cada instante y cada siglo, en el paisaje crítico de Roma, los axiomas poéticos de Carlos d'Ors vienen a recordarnos aquel otro postulado que desvincula la pasión del vuelo con la práctica de la escritura, revirtiendo el axioma de que aquella sea consecuencia del ejercicio de método alguno, sino, y opuestamente, entusiasmo emancipado de toda pragmática. Alas propias hay en este ser de altura, espiras de un espiritualismo que impele a la persona a la búsqueda de su esencia en lo maravilloso, ya sea este en cuanto es la cualidad de lo admirable, el ensueño de lo mágico para unos, o creencia en los hados y la divinidad para otros.

Carlos d'Ors participa con su escritura del testamento alógrafo del aire, de la sucinta ráfaga del viento sagrado que visita con la misma intensidad la amorosa almohada de las nubes que el sueño terrenal de lo abocado a la inexistencia. Árbol o ángel todo es significante en el palimpsesto de voces, de huellas y ecos, que germinan entre los surcos arteriales de la obra del poeta. Porque tiento de poeta hay en esta música acompasada con el pensamiento de la interioridad y la contemplación de lo solo, lo únicamente visible desde la extrema conjetura de la algoritmia del alma humana.

Austeridad del habla que no se distancia del fiel reflejo de la voz que la enuncia, temperancia de las gramáticas que dan serenamente cuenta del asombro de la existencia y la belleza de lo otro, esa otredad irremplazable de la empatía, en los espejos de la ajenidad, los relampagueantes reflejos de la divinal tormenta sobre el náufrago, el amador de su nada, el bienaventurado en la exultación de sus dones o el ebrio místico. Orfeón de sílabas para proclamar en la brevedad de los imperativos del lenguaje la finitud del tiempo y los arquetipos con los que ha construido la filosofía de la historia el relato teleológico y metafísico de los seres del pasado y su gravitación coral sobre el devenir humano.

No hace prevalencia Carlos d'Ors de la didáctica ni de la anecdótica en su viaje por la exterioridad de lo literario, es la suya una poética de la espiritualidad, de la ordenación de cuanto intangible y no visible atañe a la condición de la persona; una estructura abstracta, lineal en su estricto horizonte de visiones: el silencio, los caminos marinos, la mercancía sonora de los pájaros, la cerilla que ilumina el tránsito sobre las aguas del olvido. Y tras esa ocupación en lo real, la desobediente actitud del enamorado solar, el poeta testamentario ante el sufrimiento y el gozo, el frecuentador nocturno de las quimeras astrales y la preciosidad de las sílabas arrancadas al gran vacío sin nombre de la añoranza, regresa el poeta con su hatillo oracional a dar cuenta de las huellas que ha dejado la ventura de la cavilación humana sobre las calzadas de la historia del pensamiento y del tiempo.

Toda escritura es recordación de otra lejanía, un imaginario que salvado del pretérito proyecta sus significaciones sobre el eón geológico de la infinitud. *El poeta es como un faquir*, escribe Carlos d'Ors, un itinerante asceta que por la senda de la renuncia a las posesiones adquiere dominio de pobreza sobre lo punzante y agudo, sobre los fuegos sagrados y los cristales quebrados de lo que algún día fue el cerebro transparente de la sabiduría. Asociaciones, sí, analogías entre las celebraciones de la elevación y la ciencia secreta de las subterráneas raíces del árbol del conocimiento.

Hay partículas elementales de la desconocida materia de la poesía en este libro de Carlos d'Ors, hay argumento de galaxia y gatos ronroneando en los quarks de las estrellas, hay exultación de los cuerpos giratorios en la nebulosa del dolor e ilusiones mendicantes a la puerta del destino. Y hay instante imperecedero y denuesto de lo injusto y desestima de las jaulas. Hay ética y apología de la honradez, y hay sacralidad irrepetible del milagro: *Los poetas se alimentan de panecillos de luna llena...*

Carlos d'Ors vive en la mano abierta de lo que sucede, está ahí, siempre, con su lápiz de grafito dibujando todas las ópticas de los florecimientos de la amistad frente a los baldíos ámbitos del rendibú y la lisonjera coba. Carlos d'Ors escribe y pinta como quiere, es decir como ama a las personas amigas y ejerce el arte supremo de la libertad. No es la suya, no es la nuestra, una causa de prosélitos, ni demanda elogio ni exige reciprocidades, existe como preexiste a nosotros mismos la poesía, la pasión del adivinador y el vidente de un bien, lo ennoblecedor de las palabras ante lo infamante de cada época, la pasión estética por las categorías tan heterogéneas como inalcanzables de lo bello en la orilla del *nadador incansable*.

Vengan a esta rama dorada los pájaros sin contorno de la imaginación, posen aquí su canto las criaturas de espíritu y las memoriosas harinas del poeta que ofrece sus panes a los omniscientes hacedores del olvido. Ninguna palabra significa dos veces lo mismo, una es la llama auroral de la impaciencia y otra la de la reclinación del ángelus ante lo crepuscular de las cenizas; una, la voz del ángelus y otra, la del gloria de los desobedientes príncipes, una, la idea de la duración y otra la idea de inmortalidad ante el reloj de la esclavitud y el tiempo laico de la rosa. De eso nos habla, como un elemental manantial de gracia, Carlos d'Ors en este libro, en estos apotegmas que acaso también pudieran ser leídos, consultados, como una cleromancia, como un libro oracular de los cambios y las permutaciones, la clarividencia de cada línea ante la posición correcta del saber simbólico, la vida interpretada por la secuencia moral de las palabras y los hexagramas del corazón.

Abre este libro, pasa, hay una silla vacía ante la mesa, un vaso con el agua de la claridad, una luminosa razón para confinar la iniquidad, contra la que se pronuncia siempre la poesía, al infructuoso yermo de las sombras. Entra: así tú, *así yo, así nosotros...*

JUAN CARLOS MESTRE

N Á U F R A G O

Aunque pájaros aventajados
te indiquen la ruta a seguir,
tú, oh náufrago maldito,
desoirás sus cantos
y te hundirás con tu barca
en el más profundo de los abismos...

N I E B L A

Estáis tan acostumbrados
a la imprecisión de los contornos
que acabáis viviendo
en las veladuras de la niebla...

O J O S

El poeta es más consciente
de lo invisible a los ojos
que de lo visible.
El poeta habla más
con los ojos del espíritu
que con los ojos del cuerpo...

O L V I D O

El olvido es mortal;
el recuerdo, inmortal.
El vivir está hecho de olvidos;
el morir, de recuerdos...

P A N

Amasas el pan sabiendo
que no hay un mañana para las hogazas.
Amasas el pan sabiendo
que no podrás llevarte las hogazas al cielo...

PATITO FEO

A pesar de que eres el patito feo
de la película de tu vida,
sigues pensando todavía
que algún día te convertirás
en un magnífico cisne blanco...

PERDÓN

Si es verdad que
todo Abel tiene su Caín,
¿no es menos cierto que
todo Caín tiene su Abel?

P O E T A

Llaman a la puerta.
¿Eres peligroso?
Sí que lo soy,
pero abre la puerta:
soy el Poeta...

POETAS

Cuando uno habita y transita
entre poetas de verdad,
descubre día a día
cielos de humanidad...

POPULARIDAD

Cuando subas muy alto como una torre
y el pueblo se te rinda y te aplauda,
no te enorgullezcas como un gallo
ni demasiado te crezcas,
porque un leve céfiro
esa torre construida derribará
y fácil y frágil del leve peso caerá.
¡Torres más altas han caído con estrépito!

A G U A

El exceso del agua
(léase, metáforas o palabras)
anega los campos del verso
y malogra la cosecha del poema...

A G U J A

Algunos poetas tienen
una aguja metida permanentemente
en su corazón:
hay que operar urgentemente...

NADADOR

Como un nadador incansable,
nadas y nadas y nadas,
aun sabiendo que nunca,
nunca llegarás a la orilla...

PRECIPICIO

Aunque hurras y loas
acompañen tu heroico vivir,
tendrás que saber,
¡pobre criatura!,
que el precipicio te está
inexorablemente esperando...

PRESAGIO

De niño nos gusta que
nos tapen el cuerpo
con la arena de la playa.
¿Es síntoma del presagio de la muerte?

PRISAS

Las prisas son malas consejeras.
Muchas veces conviene cocinar
a fuego lento la impaciencia...

QUERER

Si yo pudiera,
antes que todo acabara,
que ella me quiera...

R E L O J

La esclavitud del reloj desanima
nuestro deseo de inmortalidad...

RISA

La risa es un alegre poema sin palabras
con mucho ritmo...

R O S A

La rosa rosa es
la rosa más rosa de todas las rosas:
es la rosa...

ROSTRO

Poema

de los cuatro elementos de un rostro:

Los ojos caen al agua.

La nariz cae a la tierra.

Los labios caen al fuego.

Las orejas caen al aire...

RUTINA

Atrapados y enquistados tenazmente
por su rutina,
muchos viven perseguidos
por imaginarias amenazas
que no son capaces ni siquiera
de vivirlas ni de contarlas.

SANGRE

Muchas veces es bueno
que un vaso de cristal
se nos caiga al suelo
y se haga añicos
aunque nos cortemos
y salga mucha sangre...

S E D

El vaso de agua bajo el grifo...
Ahogado estás por una sed insaciable.
Vas dejando caer interminablemente el agua
y vas colmando el vaso una y otra vez
y bebiendo con ansia infinita
hasta caer, al fin, muerto
por el ímpetu de la sed:
ahogado en un vaso de agua...

SILENCIO

Cuando estamos en silencio,
siempre nos parece
que hay un silencio ensordecedor.
Que hay un silencio
que hace daño a los oídos…

SOMBRAS

Nos hartamos de perseguir sombras
por nuestra imaginación creadas.
Sombras, sombras, sombras...

S U E Ñ O

Has llegado tan próxima a mi sueño
que creí haberme despertado...

SUEÑOS

En la lotería de la vida
no se compran ya
boletos de sueños imposibles...

T I E M P O

Matas el tiempo
y el tiempo te lo agradece.
El tiempo no quiere ser eterno...

TRADICIÓN

Nadie se ha limpiado en un felpudo
sin que antes otro lo haya pisado...

TRISTEZA

Algún beso que se nos cae,
solamente.
Y esas nubes que se desvanecen,
lentamente.
Pasan mudos los días,
tristemente...

TÚNEL

Con frecuencia
en la oscuridad del túnel
vemos con mayor claridad
que en la luz más radiante
del sol que nos circunda...

VENTANA

A veces nuestra mirada
es tan destructora
que hacemos añicos
los cristales de la ventana
por donde miramos...

VIVIR

Vivir es una muela sana
que mastica y mastica
y que, al fin de cuentas,
se rompe en pedacitos
y sangra…

VOLAR

Si quieres volar,
deja que tu Ángel de la Guarda
te ponga las alas...

A L A S

Cierto es que conviene
tener alas para volar.
Pero es preciso tener alas cortas
para no volar demasiado alto...

ALEGRÍAS

Es así que las pequeñas alegrías
no son pequeñas.
Y las grandes alegrías
son grandes.
Y los árboles pequeños
y los árboles grandes
lo saben...

ALMOHADA

Aunque recuperes sueños imposibles
y sientas que sensuales bocas
te besan con deleite,
te despertarás, amigo mío,
en la misma almohada vacía de siempre...

A M O R

En el amor hay que encontrar
un mínimo común múltiplo
para que sea duradero...

ÁNGEL

No cuentan dolores.
No importan distancias.
No valen conflictos.
Si te vuelves,
un Ángel a tus espaldas...

Á R B O L

Le gustaba subirse a los árboles
para ver más de cerca el cielo...

ARTERIAS

Dos arterias constituyen
el sistema circulatorio del poeta:
la del amor y la de la muerte...

ASOMBRO

La mirada interior:
el asombro en la mirada
y la mirada asombrosa
caracterizan a los grandes hombres.
Maravillarse siempre
como el primer día
que abrimos los ojos al mundo.
Nada desaparece del todo
cuando está presente el asombro.
Ni tan siquiera después de la muerte:
es la conciencia del existir...

BEBER

Conviene beber despacio,
saboreándolo y a sorbitos.
Pero de vez en cuando
el cuerpo me pide
emborracharme
a grandes tragos...

BELLEZA

Era tan bella que
ni tan siquiera
el espejo en que se miraba
toleraba tanta belleza...

BORRACHOS

Los verdaderos poetas místicos
son los borrachos
conscientes de su borrachera poética...

BOTELLA

El poeta es como un náufrago
que lanzara una botella al mar
pidiendo auxilio
pero que nadie,
absolutamente nadie,
acudiera nunca a auxiliarle
ni a rescatarle...

BRUJAS

Con frecuencia aparecen brujas
que revolotean sobre mi cabeza
y me clavan el aguijón de su escoba
y me dejan herido
y tengo que alejarme.
Brujas, brujas,
alejaos de mí por la tiniebla...

CABELLERA

La Poesía es como la cabellera:
hay que tenerla siempre limpia,
en orden y bien peinada...

CALLAR

Mientras el agua vierte
su caudal rebosante,
el poeta calla
en un silencio muy puro...

CAMINO

Caminante
que en cada ola
del mar de tu vida
dejes con tu sentir
y con tus buenas obras
memoria y huella
de tu paso por el mundo.
Y el viajero proseguirá
al percibir tus huellas.
El Amor es el Camino
y lo importante es caminar...

CAMIÓN

Nos pasamos la vida
esperando a un camión
cargado con una mercancía
de diplomas, insignias y trofeos
que jamás llegará...

CANTO

Así como el pájaro agradece
cada amanecer y canta,
así yo; así nosotros...

CARICIA

Acariciar es
como un temblor de pajarillo en la mano...

CARRERA

No importa que seas el último
en la carrera de la vida
por aquello de que los últimos
serán los primeros
en el reino de los cielos...

CERILLA

El amor es como una cerilla:
se enciende pronto
o cuesta poco encenderlo
y acaba por prender la llama.
El problema es que
enseguida se apaga
o acabamos por quemarnos los dedos…

CINE Y TEATRO

El cine es
como si estuviéramos de viaje todo el tiempo,
el teatro es
como si estuviéramos todo el rato psicoanalizándonos...

CREYENTES

No tengamos miedo a la muerte
porque tenemos toda la eternidad
para acostumbrarnos...

CONTENTO

Cuando te miras en el espejo del agua
y te ves contento,
no eres tú el que te ves,
es un Ángel el que te mira…

CUERDAS DE GUITARRA

Si se escucharan con más frecuencia
las cuerdas de la guitarra de los poetas,
la música del mundo sonaría menos desafinada...

DAÑO

No sabes el daño que me hiciste
con el color de tus ojos,
con el color...

DESAMOR

Colocas con mucho cariño y delicadeza
un collar de perlas
en el cuello de cisne de la dama.
Pero, al cabo de poco tiempo,
el collar le aprieta y le hace herida
y se lo arranca violentamente de su cuello
y caen las perlas al suelo.
Y ya no hay collar ni dama que valga...

D E S E O

Vivimos en perpetuo deseo
de desdicha y de naufragio.
Este deseo nos cubre como una gran ola
y nos ahoga...

DIOS

El mar se ha vuelto cielo;
el mundo entero es Dios...

D O L O R

Vivir es un reiterado desdén del instante,
un avanzar en un desencanto incesante,
un continuo dolor itinerante...
Vivir es un lento pero inevitable destino
hacia una muerte incinerante...

EQUILIBRIO

La vida comienza
cuando nos ponemos de pie
sin perder el equilibrio
y emprendemos el camino...

ESCALERA

Frecuentemente creemos estar
en lo alto de una escalera
cuando ni tan siquiera hemos alcanzado
el primer peldaño...

ESCRIBIR

Te aferras a lo que has escrito
por justificarte de lo que no has podido
o no has sabido escribir...

ESPEJISMOS

Pasamos muy fácilmente de los espejismos de la libertad
a los fantasmas de la pesadilla opresora.
La libertad es un suspiro entre dos opresiones...

E S P E J O

El espejo nos mira con buenos ojos,

algunas veces,

y otras,

con muy malas intenciones...

ESPINAS

El poeta canta más a las espinas
que a las rosas en flor:
el poeta es masoquista...

ESTATURA

Conforme envejecemos
vamos perdiendo estatura.
La mejor manera de crecer
es morirse...

ESTRELLA

El deseo es coger una estrella al vuelo
sabiendo que no brilla sino que quema...

ETERNIDAD

Paso a paso vamos recogiendo fragmentos de finitud
para llevarlos al final al más allá de la Infinitud.
Sólo al conocer y reconocer
nuestros límites de espacio y tiempo,
somos conscientes de nuestra trágica Eternidad...

FAQUIR

El poeta es como un faquir:
descansar y dormir
en camas con pinchos
y soportarlas
es su destino...

F I E S T A

Aunque no podemos esperar
que la vida sea una eterna fiesta,
hay que bailar y cantar hasta caer muertos...

FUSIL

El poeta lleva un fusil
con la bala del desamor
siempre en el cargador...

GATOS

¡Ay de aquellos
que son como gatos
ronroneando su soledad!

HALAGO

Tras el halago se esconde
el camino hacia la perdición.
Porque no debes adormecerte
bajo el fuerte resplandor
de la luz de la luna llena
por si vienen después
los *hombres lobo* a devorarte.
El exceso de halago ahoga
como al suicida
la cuerda a su cuello...

H O N O R

He vestido de silencios mi cuerpo.

He ceñido de abrazos mi dolor.

He cubierto de rosas mis desengaños.

Honor y gloria de mi existir...

ILUSIÓN

Algunas veces, pocas, parece
como si el mundo cediera
y retrocediera
al ímpetu de la ilusión...

INSTANTE

Los poetas somos los fareros contra la rutina,

condenados al instante eterno...

JARDÍN

Es cierto que las rosas
nos deleitan de vez en cuando
con su olor y su color efímeros
en el cultivo de nuestro jardín secreto,
siempre, eso sí,
con mucho tiento de no pincharnos,
pero tenemos que conformarnos al fin
con un reguero de pétalos sobre la hierba seca...

JAULA

Vivimos atrapados en una jaula.
La libertad es una pura farsa
en que aleteamos desesperadamente
dentro de la jaula...

LEVEDAD

Vuela al lado de las águilas.
Sé único y sé fuerte
en tu levedad celeste...

LIGEROS

Conviene, conforme pasan los años,
irse despojando de ropas y enseres
para, alcanzada la hora del morir,
llegar ligeros de equipaje
y que el alma no nos pese...

LUNA LLENA

Los poetas se alimentan
de panecillos
de luna llena...

LLAMA

Hay que mantener siempre
la llama del amor encendida
pero con cuidado de no acercarse demasiado
y quemarse...

MAGOS

Los poetas somos como magos de las palabras
que tenemos que sacar versos
de la chistera de nuestro magín...

MALDICIÓN

Visita el caracol
con lento paso furtivo
hacia el sol
la puerta de la casa sin premura,
sin saber, pobre inocente y cautivo,
que la humana maldición
le llevará con un fatal pisotón
a una muerte segura..

MANO

¿Qué hago con mi vivir?
Mostrar los cinco dedos de mi mano abierta
para quien quiera estrecharla...

MAR

Aunque estemos muy lejos del mar,
nuestra alma es siempre marina.
¿Es el mar nuestra verdadera patria?...

M E D I D A

Vivimos siempre con un metro en la mano,
midiendo si cabemos en tiempo y espacio,
juzgando y comparando.
Vivamos sin metro,
contando sin medida y sin tiento.
Y libres como el viento...

MIRADA

Cuando te miras en el espejo del agua

y te ves contento,

no eres tú el que te ves,

es un Ángel el que te mira...

MÍSTICO

Quiero bajo el ala de mi Ángel
cantar mi poema a Dios...

MORTALIDAD

El viejo poeta reúne
sus papeles con versos
donde espera encontrar
el secreto de la inmortalidad
y no sabe que lo que está haciendo
es adelantar su mortalidad...

MUERTE

Brindemos por la vida de los que quedan
porque pronto el seco llanto de los que murieron
dejará de perturbarnos...

ÚLTIMO RENGLÓN

Has escrito el último renglón,
el más importante,
el definitivo,
con la tinta ya gastada
y ya no lo podemos leer...

Í N D I C E

Acabose de imprimir esta
primera edición de
LA JAULA DORADA,
de CARLOS D'ORS,
el 30 de enero de 2024,
para conmemorar el
aniversario del nacimiento de
Claudio Rodríguez

Siempre la claridad viene del cielo;
es un don: no se halla entre las cosas
sino muy por encima, y las ocupa
haciendo de ello vida y labor propias.
Así amanece el día; así la noche
cierra el gran aposento de sus sombras.

LAUS DEO